AF370966

FÉDÉRATION FRANÇAISE DE BOXE

24, boulevard Poissonnière, PARIS

RAPPORT

DE LA

COMMISSION D'ENQUÊTE

Nommée dans la Séance du Conseil de la F. F. B, le 11 décembre 1922, chargée d'enquêter sur les tractations qui auraient précédé le match Sidi-Carpentier, disputé le 24 septembre 1922 au Vélodrome Buffalo, en vue d'en régler les péripéties et le résultat.

Le 30 novembre, à la tribune de la Chambre, M. Diagne, prenant fait et cause pour le boxeur Battling Siki, que la Fédération venait de suspendre pour incartade dans le ring, affirma que la mesure prise contre Siki avait été motivée par le refus de celui-ci de se laisser battre par Carpentier.

Le député du Sénégal s'est exprimé ainsi, d'après le *Journal officiel* :

« *Siki n'a pas voulu obéir à des directives qui* » *auraient permis de se jouer du public et de lui* » *enlever son argent; et sur le ring ayant à un* » *moment donné le sentiment de sa force, il n'a* » *pas admis qu'au quatrième round il devait* » *s'abattre pour abandonner à Carpentier une nou-* » *velle victoire. Si je vous disais que c'est pour* » *cela que cet homme a été frappé sans qu'on l'ait* » *entendu! Il est inimaginable qu'en France on* » *puisse condamner un homme à crever de faim* » *sans l'avoir entendu... »*

En même temps paraissait dans différents journaux, et notamment dans l'*Eclair*, une interview de Battling Siki, qui a exposé les accusations que voici :

« *— Parfaitement, cela est si vrai qu'avant ce* » *match, je ne me suis pas entraîné...*

» *... Et avec une émotion vraiment touchante, le* » *Sénégalais ajoute :*

» *— Moi, je n'étais rien avant le combat, n'est-* » *ce pas? Je n'étais qu'un boxeur quelconque, sans* » *réputation et sans argent... Hellers m'avait* » *dit : « En te battant avec Carpentier, tu gagne-* » *ras beaucoup de sous, mais il faudra te laisser* » *faire. » Je suis arrivé sur le ring avec l'intention* » *de tomber comme on me l'avait recommandé...* » *Au premier... au deuxième... au troisième* » *round, je me suis laissé faire... Mais, au qua-* » *trième round, quand je me suis vu à genoux, de-* » *vant cinquante mille personnes, j'ai pensé* » *ceci : « Voyons, Siki, tu n'es jamais tombé de-*

» *vant aucun boxeur... Tu n'as jamais été à ge-* » *noux en public... comme tu t'y trouves en ce* » *moment... » Et mon sang n'a fait qu'un tour...* » *Je me suis redressé et j'ai frappé... J'ai frappé* » *avec d'autant plus de force et d'énergie que les* » *coups qui m'avaient été portés par Carpentier,* » *je ne les avais même pas sentis... Pourtant Hel-* » *lers, à côté de moi, murmurait à mon oreille :* » *Est-ce que tu vas faire l'imbécile? Oublies-tu ce* » *qui est convenu?... » Ce qui était convenu, c'é-* » *tait que je devais m'étendre, les bras en croix,* » *au quatrième round... Si je l'avais fait, Hellers* » *aurait gagné deux cent mille francs... Mais je* » *n'ai pas voulu... »*

C'est dans ces conditions que sur l'initiative de votre secrétaire général, le bureau de la Fédération décidait le 8 décembre d'ouvrir une enquête et de nommer, dans ce but, une commission. Le 11 décembre le conseil de la F. F. B. ratifiait la mesure.

La commission nommée a été composée de MM. Van Roose, président; Bourdariat, Legendre, Bach, Capdevielle, Morard, membres; Frantz-Reichel, rapporteur.

La commission a l'honneur de vous déposer aujourd'hui les résultats de son enquête et ses conclusions.

Quelle était la question à laquelle elle avait à répondre ?

Le match du 24 septembre 1922 — disputé au Stade-Vélodrome de Buffalo entre Georges Carpentier, champion de France et du monde des poids mi-lourds et champion d'Europe des poids lourds, et Battling Siki, challenger — avait-il été précédé de conventions ayant pour objet d'écarter du combat toute sincérité, de fausser la régularité sportive de la bataille dont le résultat aurait été décidé par une convention préalable ?

Afin de découvrir la vérité, la commission d'en-

quête a tenu à *l'Avenir* — dont la direction a fort aimablement mis à notre disposition un local — 27 séances et convoqué 49 témoins.

Elle a procédé à diverses confrontations; elle a assisté par cinq fois à la projection répétée du film du match à « Phocéa-Location ». Dans deux de ces séances, elle a été assistée de sourds-muets qui lui ont apporté leur collaboration pour vérifier certains propos dans la mesure où la chose était possible.

Elle a, d'autre part, soit par lettres, soit par télégrammes, recueilli des dépositions, telles celle de M. Bennisson, un des juges du match; de M. Geo Gras, soigneur dans le coin d'Hellers.

Elle a fait dans les livres de comptabilité du Vélodrome de Buffalo relever par M. Bastide, expert-comptable, les comptes recettes et dépenses du match Carpentier-Siki. Elle s'est fait remettre les clichés radiographiques des mains de Carpentier. Elle a fait état, comme elle a jugé utile, des lettres et documents qui lui ont été communiqués par des tiers. En un mot, elle n'a écarté aucun témoignage, écrit ou parlé, ni aucun moyen d'information pour éclairer sa religion et la vôtre.

Dès le début, la commission a cru devoir, pour diriger son enquête, préciser le problème qui lui était posé :

Y avait-il eu « chiqué » et qu'entend-on par chiqué ?

Pour elle, le chiqué ne peut exister que dans les circonstances suivantes :

Soit par l'accord des deux managers et l'accord conforme des deux adversaires;

Soit par l'accord des deux boxeurs en dehors des deux managers;

Soit par l'accord des deux managers et d'un seul des boxeurs;

Soit par l'accord des deux boxeurs et d'un seul manager;

Soit par l'accord d'un manager avec l'adversaire de son boxeur;

Soit enfin par le consentement d'un adversaire acheté par un tiers : un parieur.

Nous avons soumis ces diverses hypothèses à notre examen, et faisant état des accusations soit de M. Diagne, soit de Battling Siki, les seules hypothèses retenues par nous ont été les suivantes :

Celle de l'entente entre les deux managers et les deux boxeurs;

Celle de l'entente entre les deux managers et un boxeur.

Sans aller plus avant dans notre rapport, nous croyons devoir immédiatement vous déclarer qu'en notre âme et conscience, ni l'une ni l'autre des deux hypothèses que nous avions retenues et dont nous avons cherché à établir la réalité par tous les moyens mis en notre pouvoir, ne résistent à l'examen impartial et à l'analyse des faits.

La commission n'a pu entendre Siki, mais elle a entendu Georges Carpentier. Il a déclaré :

— Je ne sais ce qu'on a pu dire à Siki et à son manager, mais en tout cas, je sais une chose, et je ne peux dire qu'une seule chose, c'est que jamais de ma vie je n'ai fait un match au chiqué. Si on était venu me dire qu'il faudrait laisser Siki durer pendant quatre reprises, j'aurais refusé.

— Et pour le cinéma?

— Pas plus pour le cinéma. Voulez-vous me dire quelles sont les raisons pour lesquelles j'aurais laissé exister Siki pour le cinéma? J'ai boxé Cook, Beckett, Bombardier Wells, Kid Ted Lewis... trois d'entre eux n'ont fait qu'une minute! Il y

avait le cinéma et le change était plus intéressant pour moi à 55 ou 60 francs, car j'aurais eu avantage à les laisser durer.

Et plus loin, comme il était invité à s'expliquer sur ce qu'il entendait par « *je ne sais pas ce qu'on a pu dire à Siki et à son manager* » et qu'il lui était demandé s'il croyait à des pourparlers irréguliers, il affirma qu'il avait la certitude contraire.

— *Lorsqu'il a été question du match avec Siki pour la première fois, j'ai demandé à Descamps : « Que vaut-il? »* Il m'a répondu, continua Carpentier : « *Il vaut un coup de poing de votre part.* »

Et plus tard, à Londres, sur le même sujet, Descamps disait à Carpentier :

— *J'ai peur que ce ne soit ridicule!*

Le match le fut en effet, mais pas longtemps, car dès la deuxième minute la rencontre tournait au tragique, et à la troisième, les poings blessés ainsi qu'en font foi les clichés radiographiques, ce qui prouve qu'il avait frappé dur. Carpentier était à la merci d'un adversaire qui ne lui fit grâce d'aucun coup.

La situation était donc la suivante :

Siki accuse, mais ne comparaît pas.

Carpentier comparaît et dément tout accord louche, auquel lui et son manager auraient accédé.

Quels arguments pour ou contre l'entente frauduleuse les recherches de la commission allaient-elles apporter?

Et tout de suite, une constatation nécessaire et impressionnante.

Votre commission aurait voulu entendre l'accusateur. Par trois fois, elle l'a convoqué; par trois fois, il s'est dérobé. Toutefois, à la troisième et dernière convocation, Battling Siki a répondu par une lettre dans laquelle il faisait une déposition écrite.

Il y aura lieu, quand le moment viendra, de comparer cette lettre avec ses précédentes déclarations.

La commission a fait aussi savoir à M. Diagne qu'elle était à sa disposition pour l'entendre. Le député du Sénégal s'est, fort courtoisement, et pour des motifs de dignité parlementaire, refusé à cette audition. La commission, considérant que ce que pouvait savoir M. Diagne c'était ce que lui avait raconté Siki, n'a pas insisté.

Le point de départ

D'ailleurs, au cours de son enquête, la commission a dû faire une constatation; celle-ci : c'est que tous les dires des témoins, ou à peu près de tous les témoins à charge, ont pour origine des propos qui auraient été tenus par le boxeur Gaillard.

Où et quand auraient-ils été tenus?

Aussitôt après le match, dans une taverne fréquentée par les boxeurs.

C'est de là que, le jour même, sont partis tous les propos qui ont interprété d'une façon tendancieuse les événements de l'après-midi.

Ici, nous nous trouvons en présence d'un phénomène psychologique fréquent : le besoin maladif de compliquer ce qui est simple, de se parer d'une habileté qu'on n'a pas eue, de se glorifier d'une rouerie inexistante, toutes choses qui donnent libre cours à l'imagination déformatrice et néfaste.

Ainsi germèrent également et naquirent dans le cerveau malicieux de Battling Siki le récit entièrement imaginaire du combat du 24 septembre et l'entente qui l'aurait précédé!

Il importe donc, dès maintenant, de dire quels étaient les propos que Gaillard avait tenus aussitôt après le match, et nous allons exposer dans quelle mesure ils ont été interprétés et transformés.

Qu'aurait dit Gaillard?

Qu'il avait voulu se venger de Descamps;

Qu'il l'avait, dans ces conditions, doublé à Buffalo;

Qu'il aurait forcé Siki à combattre malgré Hellers; aurait, à un certain moment, menacé ce dernier de se retourner vers le public et de crier : « Au chiqué! »;

Qu'alors Hellers n'avait pas insisté, lui avait abandonné la direction de Siki et qu'ainsi lui, Gaillard, avait fait échouer la ou une combinaison.

Ces propos, Gaillard les a formellement démentis.

Que Gaillard ait tenu certains propos, la commission n'en doute pas.

Qu'ils aient été répétés par les uns et par les autres exactement, la commission est convaincue que non.

Le jour même du match, Gaillard a, sans se rendre compte des conséquences que des propos irréfléchis peuvent avoir quelque jour, voulu s'attribuer le mérite de la victoire de Siki et se glorifier d'avoir été plus malin que Descamps, le fameux Descamps contre lequel il nourrissait certains griefs.

Les motifs de ces griefs? Un est assez puéril : Descamps a refusé à Gaillard, qui avait entraîné Ledoux à Manitot en vue de son match contre Criqui, les places de faveur qu'il lui avait promises et auxquelles il considérait avoir droit, pour assister à cette rencontre. L'autre : Descamps n'aurait pas donné à Gaillard les occasions convenues de matches compensateurs au lendemain d'une rencontre que Gaillard, alors qu'il était dans une forme insuffisante, avait accepté de disputer contre Fritsch. Dans ce match, Gaillard fut battu, et faute de condition physique et morale, il n'y défendit pas sa chance jusqu'à l'extrême limite de ses forces.

Il importait donc de vérifier l'exactitude des propos tenus par Gaillard ou prêtés à Gaillard. C'est à quoi la commission s'est employée dans tous les témoignages qu'elle a pu recueillir. Le principal nous a paru être celui de notre collègue M. Jean Auger, dont — nous tenons à le déclarer — nous ne mettons pas un seul instant en discussion l'absolue sincérité; ce qu'il a répété, lui a été dit. Sa grande loyauté sportive lui a dicté comme un devoir d'en saisir la fédération.

Ajoutons que quelques jours après le match et alors que la commission des arbitres entendait M. Bernstein pour recevoir ses explications sur sa façon d'arbitrer dans le match Carpentier-Siki, M. Jean Auger avait déjà demandé qu'une enquête fût ouverte. Il se basait : 1° sur un propos tenu par M. Henri Bernstein, et 2° sur des racontars, comme il les qualifie lui-même, de M. Gaillard. La commission des arbitres n'avait pas cru devoir donner suite à une demande d'enquête parce qu'il ne s'agissait, pour elle, que de racontars.

D'autre part, et en ce qui concerne le propos rapporté par M. Henri Bernstein de Siki s'adressant à Carpentier: *« Ne va pas si fort à l'estomac »,* voici la déposition littérale qu'a faite M. Henri Bernstein.

« Je vous l'ai dit à la séance de la commission des arbitres, alors que les hommes étaient en corps à corps, j'ai entendu Siki dire à Carpentier (j'ai pu me tromper, parce qu'à ce moment-là j'étais pris par l'action, mais il me semble avoir entendu ceci): « NE FRAPPE PAS SI FORT OU SI BAS », OU « A L'ESTOMAC, TU ME FAIS MAL », *ou encore :* « ATTENTION, NE FRAPPE PAS SI FORT. » *Il peut se faire aussi que j'aie cru entendre :* « A L'ESTOMAC » *parce que, à ce moment-là, toute mon attention était fixée sur l'estomac, où se donnaient les coups. Il peut se faire aussi que j'aie cru entendre :* « BAS », *parce que j'avais rappelé à l'ordre les hommes alors qu'ils se frappaient bas tous les deux; mais il peut très bien se faire que Siki ait dit :* « NE FRAPPE PAS SI BAS, TU ME FAIS MAL. »

Et, plus loin, comme la question suivante était posée à M. Bernstein :

— *A quelle reprise avez-vous entendu cette phrase?*

Il répondit, et ici encore nous reproduisons littéralement sa déposition :

DEMANDE. — *Est-ce à la 2e reprise?*

M. BERNSTEIN. — *Il me semble que c'est à la 3e.*

DEMANDE. — *Il semble que vous aviez dit que c'était à la 4e reprise?*

M. BERNSTEIN. — *Cela pourrait être encore à la 4e reprise.*

La commission a été frappée par l'imprécision de M. Bernstein, qui a donné du propos différentes versions et qui, d'autre part, n'a pas été à même de situer le moment exact auquel ils auraient été tenus.

Cependant, il faut retenir de la déclaration le fait suivant : *« C'est qu'au souvenir du directeur du combat, le propos aurait été tenu alors que les deux hommes se battaient en corps à corps et que lui, l'arbitre, venait précisément de rappeler à l'ordre Carpentier qui avait frappé bas. »*

Le film confirme cet incident, l'explique et le justifie.

———

De ces propos, de leur envol et de leur transformation est née l'accusation.

Si nous reprenons la déposition de M. Gaillard, nous constatons qu'il déclare formellement qu'à aucun moment, *avant le match,* il n'a entendu ou su quoi que ce soit qui lui permît de douter de la sincérité du match.

Voici ses déclarations à la commission :

« Ce qui a été dit, ce sont des propos de journalistes, qui ont voulu se faire de la réclame, comme ce qu'a raconté M. Auger dans la Boxe et les Boxeurs. *Il m'a interrogé et il a peut-être mal interprété la façon dont j'ai ri. J'ai eu un petit différend avec Descamps, qui n'a rien à voir avec le match. Quant à avoir dit que le match de Carpentier était du chiqué, c'est un mensonge. C'est tout ce que j'ai à dire. »*

M. le président. — Vous le déclarez sur l'honneur?

M. Gaillard. — Mais, oui! J'ai cru voir à un moment quelque chose; mais ce n'était pas juste. Chacun a son opinion dans un combat. Il voit avec ses yeux, avec son idée; mais cela n'est pas toujours juste.

Et plus loin :

DEMANDE. — *Vous auriez eu à un moment, au cours du combat, des difficultés avec Hellers, qui aurait ralenti le nègre, alors que vous vouliez l'activer, et vous auriez dit:* « SI TU NE LE LAISSES PAS COMBATTRE A FOND, JE ME RETOURNE ET JE CRIE AU PUBLIC : « C'EST DU CHIQUÉ! »

RÉPONSE. — *Cela, c'est faux!*

La commission a cru devoir confronter MM. Jean Auger et Gaillard, parce qu'aussi bien, et encore une fois, ils sont le point de départ de tous les propos qui, par la suite, ont été recueillis et ont provoqué la légende du match truqué.

Quelle est cette légende?

Une entente aurait été faite entre Descamps et Hellers. Siki devait se coucher à la 4ᵉ reprise. Carpentier devait étinceler pendant les 3 premières reprises et abattre son adversaire à la 4ᵉ. Cet accord aurait été conclu en vue de donner au public parisien une belle exhibition en faveur de Carpentier, qu'il n'avait pas vu depuis longtemps, et de fournir au cinéma l'occasion d'un très beau film à gros rendement.

Voilà la légende, mais l'histoire est toute différente.

M. Jean Auger a maintenu, a affirmé sur l'honneur, que Gaillard avait bien tenu les propos qu'il avait rapportés.

Gaillard a, non moins obstinément, et sur l'honneur, affirmé qu'il ne les avait pas tenus ou qu'il·avait été mal compris ou que ses attitudes avaient été mal interprétées.

Dès lors, en examinant toutes les dépositions à charge, votre commission a constaté que tous les témoins, dont les noms suivent, n'ont pu apporter dans leurs déclarations que la référence des propos tenus par Gaillard ou prêtés à Gaillard et déformés ou agrandis suivant l'imagination de chacun et l'ardeur créatrice des polémiques.

Votre commission classe parmi les dépositions qui ne reposent que sur les propos ci-dessus : celles de MM. Henri Decoin, Jean Antoine, Eudeline, Corneau.

A cette liste, ajoutons que parmi les témoignages à charge, il en est quelques autres que la commission tient à examiner : ceux de MM. Henri Desgrange, Orlandini, Gris et Laramy.

L'essentiel de la déposition de M. Henri Desgrange est une entrevue, qui a eu lieu dans son bureau à l'*Auto*, entre Hellers et Battling Siki, entrevue à laquelle assistaient plusieurs de ses collaborateurs.

Nous croyons devoir la reproduire. La voici :

M. HENRI DESGRANGES. — *Il y avait dans mon bureau Jacques May, Decoin, Saint-Rémy. Nous étions sept à huit.*

Nous nous sommes transformés en auditeurs et nous avons assisté (c'est l'effet que cela m'a fait) à un véritable drame.

Siki à la fois fort intelligent et faisant la brute n'a pas cessé de dire: « On m'a disqualifié et je me venge ! » (il l'a bien répété dix fois). A quoi l'autre (Hellers) répondait : « Tu es en train de me tuer, tu perds ma situation, tu me déshonores. Je n'ai rien fait pour cela. Je t'aime. Je suis ton ami. » A quoi l'autre répondait comme une brute, mais pas bête du tout : « Je ne t'en veux pas, ce n'est pas toi que je vise, je me venge... »

Hellers pour essayer de l'attendrir disait : « Tu ne peux nier que sur le ring, je t'ai dit : « Vas-y, tu vas l'avoir » — tu ne peux pas nier qu'à telle date, dans telles circonstances devant témoins, je t'ai dit : « Ne t'en fais pas, tu es sûr de le battre, il ne s'entraîne pas. » — Siki disait : « C'est exact tu m'as dit cela devant témoins, mais ce que tu n'as pas dit devant témoins, c'est ce que tu m'as raconté tant de fois avant le match... »

M. REICHEL. — *Combien de temps avant?*

M. HENRI DESGRANGE. — *10 à 15 jours avant!...* « *Tu m'as fait monter, continue Siki, dans une salle à Luna-Park, tu m'as raconté ta conversation avec Descamps, qui me laissait tomber au quatrième round — Tu me disais: « Tu connais Descamps, si tu ne marches pas, il va rompre le match, ce sera un autre adversaire, tu auras perdu ce qui t'est promis. Il faut marcher. »*

Siki disait toujours qu'on l'avait °obligé de marcher dans cette combinaison. Hellers répondait: « Tu n'y penses pas, tu m'assassines. Je n'ai rien fait. Je t'aime. »

Cette explication, dans laquelle l'un fonçait comme une brute enterrant son copain, l'autre essayant de s'accrocher, a été véritablement angoissante. L'attitude morale ne s'apprend pas. Il faut chercher les preuves matérielles et on ne les trouve pas. Ma conviction personnelle est faite. Il y avait accord entre ces deux hommes. Il n'y a pas l'ombre d'un doute. Si vous aviez pu assister à cet entretien, vous l'auriez retenu. Si vous pouviez le provoquer à nouveau !...

Telle est la narration que fit M. Henri Desgranges de cette entrevue à l'*Auto*.

Evidemment, cette entrevue a dû être très dramatique, mais il n'a pas été permis à votre commission de la faire revivre, puisque Battling Siki s'est refusé à toute comparution et à tout témoignage oral.

La bonne foi, la sincérité de M. Henri Desgrange sont hors de doute; mais la scène se passe au lendemain des accusations. Siki ne pouvait à ce moment que maintenir ce qu'il avait dit, fait dire ou écrire. Il faut aussi lier les propos de Siki à ceux de Gaillard, propos qui, connus de Siki, sont le point d'appui des accusations du boxeur noir.

Nous insistons tout particulièrement sur les passages dans lesquels Battling Siki reconnaît la foi que Hellers avait en sa victoire, les encouragements que celui-ci lui a donnés pendant la bataille et celui dans lequel il explique son acte par le désir de la vengeance.

Sans doute, Siki fait allusion comme toujours à une conversation, dans une pièce écartée à Luna-Park, conversation au cours de laquelle Hellers, pour la seule et unique fois, lui aurait fait part d'un accord avec Descamps, par lequel lui, Siki, devait se coucher à la quatrième reprise, mais en vérité, le moment et le propos sont surprenants si on songe que *c'est précisément quinze jours avant le match* que Siki a commencé, et par la suite s'est soumis à un entraînement rationnel qui, au témoignage de ses entraîneurs habituels, l'a amené au jour du combat dans une condition satisfaisante.

Un témoignage à charge a particulièrement retenu l'attention de la commission : celui de M. Orlandini, qui, rédacteur à la *Gazzetta dello Sport*, fréquentait les salles de rédaction de l'*Echo des Sports* et de l'*Auto*.

Au mois d'octobre, alors que Siki n'avait pas encore lancé ses accusations, M. René Herbert aurait déclaré à M. Orlandini que dans une entrevue qui avait eu pour lieu l'*Echo des Sports*, entrevue à laquelle participaient M. Descamps, M. Hellers et Siki, il avait entendu Siki dire à Descamps :

« *Je me coucherai à la cinquième reprise.* »

Et Descamps lui aurait répondu : « *Tu te coucheras bien avant.* »

De ces propos deux interprétations différentes peuvent être faites. Voici celle qu'en a donnée le témoin : « *Qu'elle était simplement une malice du boxeur nègre qui aurait voulu tromper le*

manager de Carpentier, le convaincre qu'il n'avait lui, Siki, aucune chance; qu'il était décidé à abandonner à la 5° reprise et que si Descamps avait répondu : « Tu te coucheras bien avant », c'était — toujours aux dires du témoin — que Descamps était parfaitement convaincu que Carpentier triompherait dès le début de la rencontre. »

Il nous a paru nécessaire d'entendre M. René Herbert et nous lui avons donné communication des propos qu'on lui prêtait.

Il y a opposé un démenti formel.

Il nie avoir jamais entendu pareille conversation; il n'a jamais vu Hellers, Descamps et Siki en même temps à l'*Echo des Sports* les jours précédant le match. Il pense que M. Orlandini se trompe de salle de rédaction et que le propos qu'il rapporte — s'il a été tenu — a été tenu par d'autres et ailleurs. Il est suffoqué qu'il puisse y avoir confusion en raison des circonstances physiques qui font qu'on ne peut confondre ses traits avec ceux d'un autre.

Il a vu Carpentier, Siki, Hellers et Descamps une fois à l'*Echo des Sports*, mais le matin du match, le 24 septembre, à l'heure du pesage en présence de nombreux témoins. Or il apparaît évident que ce n'était pas le moment que pouvaient choisir les intéressés — manager ou boxeur — pour étaler, par des mots imprudents, une combinaison louche.

Une seule personne a été quelque peu troublée. avant le combat, par des propos qui circulaient : c'est M. Henri Bernstein, le directeur du combat :

« Je tiens à vous déclarer — a-t-il déposé — que quelques jours avant le match certains bruits couraient que le match était disproportionné et que Siki n'était pas l'homme qu'il fallait pour Carpentier. Quelques personnes qui l'avaient vu à l'entraînement à Luna-Park étaient venues me rapporter que Siki était saoul tous les jours; qu'il s'entrainait d'une façon défectueuse. Si bien qu'étant ému de ces racontars je suis allé trouver Breyer et lui ai dit : « Voici ce qui se passe; on a même ajouté que le combat ne serait pas sincère ! »

M. Breyer se rappelle effectivement que M. Henri Bernstein l'a informé de l'opinion que certains avaient de la rencontre, des bruits qui couraient de la façon défectueuse dont s'entraînait Siki et des sorties et libations nocturnes auxquelles il se livrait. M. Bernstein lui avait aussi dit que certains contestaient le bon équilibre de la rencontre et doutaient de la sincérité du match, mais a ajouté M. Breyer : *« Je n'ai attaché aucune importance à ces propos qui me paraissaient être des ragots venant d'une taverne fréquentée par des boxeurs d'où s'envolent constamment des potins sans aucune espèce de sérieux. »* Au surplus, il n'avait jamais attaché grande importance à ce que disait M. Bernstein qui parlait à tort et a travers, disant à quelques minutes d'intervalle exactement le contraire de ce qu'il avait affirmé précédemment.

La commission a dû constater cette déclaration qui lui semblait tout à fait d'accord avec les variations peu conciliables entre elles des dépositions de M. Henri Bernstein. Elle a cru devoir juger comme ne reposant que sur des bruits sans fondement les inquiétudes qu'avait manifestées M. Henri Bernstein qui, d'ailleurs, en avait fait justice lui-même puisque — ainsi qu'il le fit à la commission des arbitres — il a déclaré que s'il

avait eu *un doute sur la sincérité du match il n'aurait pas accepté de monter sur le ring.*

La première fois que Siki a prononcé des paroles qui pouvaient prêter supposition à une entente préalable, c'est le 26 septembre, soit deux jours après le combat, en présence de M. Laramy, propriétaire du Floréal-Hôtel, où il logeait depuis deux ans et demi, et de différentes personnes.

M. Laramy, tout comme ces témoins, pensait que Siki, comme vainqueur, devait toucher 200,000 francs ainsi qu'annoncé par les affiches, bourse qui n'était nullement conforme d'ailleurs au contrat liant les parties et dont Siki avait eu parfaitement connaissance.

Comme Siki exposait devant M. Laramy et les personnes présentes ce que lui rapportait sa victoire, ceux-ci s'en montrèrent scandalisés. C'est alors que Siki, troublé par leur indignation, s'écria soudain :

— Et dire que je devais tomber au quatrième round!

Le propos est évidemment grave. La commission ne l'a pas considéré à la légère. Il peut être interprété différemment : soit comme le brusque aveu d'une entente à laquelle Siki avait consenti, de gré ou de force, ou comme l'exclamation d'un vainqueur déçu dans ses espérances d'argent, alors que, pour le plus grand nombre, il ne devait pas, devant Carpentier, tenir plus de 4 reprises.

Votre commission aurait eu de l'audace à choisir, de propos délibéré, entre les deux interprétations. Elle pense que la seconde est la meilleure et la vraie, en raison d'autres dépositions qui, précisément, contredisent complètement la version première. Et, avant de faire état des dépositions qui annulent celle de M. Laramy, ajoutons qu'un semblable propos a été tenu par Siki devant un autre témoin, M. Gris, mais fort probablement le même jour, au même endroit et dans les mêmes circonstances.

M. Gris est un honorable industriel de Saint-Maur, qui s'intéresse tout particulièrement aux boxeurs, et qui de ses propres ressources en a aidé quelques-uns : Siki est de ceux-là.

M. Gris et sa famille s'étaient pris d'une grande amitié pour Siki, peut-être moins vive aujourd'hui; mais ce qui est certain, c'est que c'est chez M. Gris que Siki a passé les trois dernières nuits qui ont précédé le combat du 24 septembre.

M. Gris a déposé qu'au lendemain du match. s'étant rendu à l'hôtel où habitait Siki, celui-ci lui avait manifesté une grande irritation de ne pas toucher la somme formidable qui lui aurait été promise et aurait ajouté :

— Et dire que je devais tomber pour Carpentier!

La formule est plus grave que la précédente, mais à l'étonnement indigné des auditeurs qui le priaient d'apporter quelques précisions, Siki se déroba.

Pour quelles raisons se dérobait-il devant des gens qui semblaient avoir sa confiance puisqu'il leur faisait si inopinément une si redoutable confidence?

C'est peut-être qu'alors, Siki se rendit compte de l'énormité de l'accusation qu'il portait.

Les témoins sont d'ailleurs d'accord pour expliquer que Siki, qu'ils connaissaient pourtant bien, était un être indéfinissable d'après les uns, et incompréhensible d'après les autres; qui, dès qu'on voulait le pousser un peu ou obtenir de lui des réponses précises, des explications un peu approfondies, se dérobait immédiatement, filait par la

tangente ou répondait par des choses complètement à côté.

Néanmoins, il appert nettement des déclarations de MM. Laramy et Gris qu'avant le match, jamais à aucun moment, si actifs que fussent les liens d'amitié qui unissaient Siki à ces messieurs, ce dernier n'a, d'une façon quelconque avant le combat, laissé supposer, fût-ce par un mot irréfléchi, qu'il y avait eu la moindre entente précédant le combat.

Ceci vaut d'être noté et souligné, d'autant que ces messieurs semblent convaincus, et cela résulte de ce qu'ils nous ont déclaré, que s'il y avait eu vraiment entente, ou quelque chose, Siki le leur aurait dit.

Enfin, et pour en terminer avec les dépositions à charge, la commission d'enquête vous expose les propos qui auraient été tenus par M. Robert Coquelle.

M. Robert Coquelle est le directeur du stade vélodrome Buffalo; ce qu'il a dit ou aurait dit devait être retenu comme ayant une particulière gravité.

Lors du Salon de l'Automobile, sur le stand de la Maison Fiat, M. Robert Coquelle s'adressant à M. Ernest Loste, et en présence de nombreuses personnes, dont M. Paul Rousseau, président de la Fédération française de boxe, aurait parlé de telle façon que les assistants auraient été autorisés à croire que le match avait été précédé d'une entente par laquelle Siki ne défendrait pas sa chance.

M. Robert Coquelle dément formellement ces propos, ou tout au moins le sens qu'on leur a donné. Sa déposition indique sa bonne foi, car au lieu de nier tout simplement avoir dit quoi que ce soit, il a reconnu avoir dit au Salon, sur le stand Fiat, « que le bruit courait qu'on avait demandé à » Carpentier d'épargner Siki, de le laisser durer » quelques reprises ».

Cette simple demande, si elle était démontrée, serait sportivement plus que déplorable et tout à fait contraire à l'esprit et aux règles du sport qui exigent que les hommes cherchent leur chance dès qu'elle se présente.

Mais y a-t-il lieu sur les propos de M. Robert Coquelle d'établir l'apparente certitude d'une entente préalable?

Nous ne le pensons pas!

Pour quelles raisons?

Le bruit courait, conte M. Robert Coquelle, que, etc.

Or ce propos qui n'est que l'écho d'un bruit est tenu pendant le Salon de l'Automobile, c'est-à-dire en octobre, plusieurs jours après que tout ce qui a été dit par M. Gaillard, répété par M. Auger, dit par M. Bernstein, est passé de bouche en bouche, colporté de terrasse de café en terrasse de café, de salle de rédaction en salle de rédaction, de milieu de boxe à milieu de boxe.

M. Robert Coquelle s'est fait l'écho de ce qu'on disait; c'était de sa part une grosse imprudence, parce que directeur du Vélodrome de Buffalo il donnait à des propos une autorité dont on n'a pas manqué de faire état, d'autant plus qu'on signalait parmi les personnes qui les avaient entendus M. Paul Rousseau, président de la Fédération française de boxe. Nous avons convoqué M. Paul Rousseau.

M. Paul Rousseau n'a pas entendu M. Robert Coquelle tenir les propos qui lui ont été prêtés ou qu'il a reconnus, mais étant sur le stand Fiat, au milieu d'une affluence considérable de visiteurs, M. Paul Rousseau a entendu des personnes, qu'il ne connaissait pas, et qui parlaient entre elles, dire que « M. Coquelle savait d'avance que le match ne durerait pas plus de trois reprises »...

M. Paul Rousseau n'a pas attaché la moindre gravité à ces propos qui, au surplus, ne correspondaient à rien : le match est allé à la 6e reprise; Carpentier était battu à la 3e.

Ils sont en désaccord avec ceux mêmes de l'accusateur Siki, qui a pensé qu'il devait, lui, se coucher à la quatrième reprise, d'après la première déclaration; à la cinquième, d'après les propos démentis qu'il aurait tenus à l'Echo des Sports; avant la sixième, d'après la lettre qu'il a adressée à la commission d'enquête.

———

Vous avez par l'exposé ci-dessus le résumé et l'analyse des déclarations de tous ceux qui, témoins à charge, auraient pu ou auraient dû apporter une précision quelconque ou un commencement de preuve sur une entente préalable. Et quand nous disons un commencement de preuve, nous entendons non pas un document, une pièce matérielle, mais un mot qui, tenu par l'un des intéressés : organisateur, managers, boxeurs, entraîneurs, soigneurs, ou tiers, aurait permis d'obtenir par une confrontation, ou par la vérification d'un propos antérieur au match, le simple et suffisant commencement de preuve de fraude.

Nous avons, avec obstination, cherché à trouver ce mot, ou ces propos antérieurs, leur confirmation, partie qu'était votre commission dans la voie de la culpabilité de l'un ou de l'autre.

Comment a été conclu le match ?

Nous vous avons, dès le début de ce rapport, exposé à quelle conviction nous avions abouti.

Allons au delà, car pour mettre tout en place, il convient de voir dans quelles conditions a été conclu le match, dans quelles conditions il s'est présenté, dans quelle atmosphère il s'est déroulé et les circonstances dans lesquelles il s'est dénoué.

Depuis 1919, c'est-à-dire depuis sa victoire sur Dick Smith, Carpentier n'a pas combattu devant le public parisien. Depuis la guerre, sa gloire et sa popularité sont allées grandissant, de par ses victoires sur Joë Beckett, champion d'Angleterre; Battling Lewinsky, champion du monde des poids mi-lourds; George Cook et Lewis, gloire et popularité qui n'ont pas été diminuées par la défaite qu'il avait reçue des poings de Jack Dempsey, ébranlé par Carpentier au cours de la 2e reprise.

Si la popularité de Carpentier n'avait pas intrinsèquement faibli, elle était cependant voilée de quelque rancune. On en voulait à Carpentier de sacrifier trop à l'intérêt des livres sterling, de ne pas se prêter, au prix de quelques sacrifices d'argent, à un combat devant ses compatriotes.

Par opposition frondeuse, c'est précisément cette rancune qui avait valu à Battling Siki une popularité inattendue et considérable, et qui avait aussi valu au boxeur noir d'être poussé par l'opinion publique à être l'adversaire, qualifié ou non, de Georges Carpentier.

Siki, depuis son arrivée à Paris, avait sans doute accompli une valeureuse carrière; une carrière à laquelle on n'avait peut-être pas accordé assez d'attention. Il avait, tour à tour, triomphé de tous les hommes qui lui avaient été opposés

quel que fût le poids auquel il eût dû consentir.

Après Balzac, champion de France et d'Europe des poids moyens, il avait triomphé aux points de Journée, poids lourd, de Nilles, champion de France, poids lourds.

Malgré ces victoires, la valeur, la qualité pugilistiques de Siki paraissaient encore bien insuffisantes, non pas au point de vue de la classe athlétique de l'homme, mais au point de vue de la science de la boxe et de l'efficacité des coups. Il s'imposait pourtant comme le meilleur du lot quelconque des « possibles ».

Depuis de longs mois, une campagne avait été menée pour contraindre Carpentier à combattre en France. La campagne avait abouti, et c'est ainsi qu'un accord avait été fait pour un combat Carpentier-Nilles, match à disputer au stade Vélodrome de Buffalo, à qui il devait servir, en septembre, de retentissante inauguration. Mais les promoteurs proposent et le ring dispose.

Les promoteurs du match, qui n'avaient eu aucune confiance en Siki puisque, en dépit de sa victoire sur Journée, ils avaient contracté avec Nilles, eurent la surprise, le 23 juin, de la défaite du champion de France, Nilles, par Siki.

Le match Carpentier-Nilles fut abandonné, et, du coup, celui d'un match Carpentier- X... Il paraissait, en effet, aux administrateurs de Buffalo que, bien que Siki eût été vainqueur de Nilles, sa victoire sans éclat rendait impossible la perspective d'un match Carpentier-Siki.

Telle ne fut cependant pas l'opinion de M. Robert Coquelle.

Misant sur le renom attractif de Carpentier, qui venait de mettre à son actif deux victoires retentissantes et rapides sur George Cook, sur Kid Led Lewis, M. Coquelle voulut et conclut la rencontre Carpentier-Siki.

Le contrat fut signé le 20 juillet 1922 aux conditions suivantes :

Catégorie : poids mi-lourds; forfait à bascule, 1,000 fr.; date : du 2 au 24 septembre — 20 reprises — gants de 4 onces; avantages attribués à Siki-Hellers, 15 0/0 sur la recette, taxe et impôts déduits; garantie minimum : 30,000 francs pour Hellers-Siki. Etant entendu que ladite convention serait caduque au cas où entre le 20 juillet et le jour du match, Siki était battu ou faisait match nul.

Enfin, pour ce qui était du cinéma, les conditions étaient à débattre entre M. Descamps et le meilleur offrant. La part qui devait revenir à Hellers-Siki devant être déterminée ultérieurement par M. Descamps.

Le 10 juillet 1922, M. Hellers, pour Siki, avait lancé un défi à Carpentier pour le titre de champion du monde des poids mi-lourds. Ce défi ne fut pas ratifié par la Fédération française de boxe.

Le 7 septembre, Hellers lançait un nouveau défi, mais cette fois pour le titre de champion d'Europe, poids lourds, qui fut transmis à l'International Boxing Union, laquelle décida que, vu la multiplicité des titres de Carpentier, le combat aurait lieu, si les deux hommes faisaient le poids des mi-lourds, pour le championnat d'Europe, de France et du monde des poids mi-lourds, et conséquemment pour le titre de champion d'Europe des poids lourds.

Il importe, dès maintenant, de noter :

1° Que le 10 juillet M. Hellers ambitionnait pour Siki le titre de champion du monde des poids mi-lourds;

2° Qu'en raison du refus de la Fédération française de boxe, décidé à conquérir un titre pour son homme, il lançait un défi pour le titre de champion d'Europe, poids lourds, en date du 7 septembre, soit 17 jours avant le match;

3° Que le 13 du même mois, et le 14 au plus tard, il était informé par la Fédération française de boxe que son défi, pour le titre de champion d'Europe, avait été généralisé dans les conditions ci-dessus énoncées, ce qui apportait à Siki la chance de conquérir, au cas de victoire, tous les titres que possédaient Carpentier.

Dans ces conditions, il paraît invraisemblable que, si petites qu'apparaissent les chances de la victoire de Siki, Hellers qui sait l'importance de la partie qu'il va jouer, la possibilité pour lui ou plutôt pour son homme de conquérir des titres d'une pareille importance, qui valent à leur titulaire une valeur marchande si considérable, ait renoncé, alors qu'il connaît l'insuffisance de la condition physique de Carpentier, à l'occasion extraordinaire d'un pareil coup de fortune.

Et pourtant une hypothèse peut être envisagée; celle-ci :

Hellers sait la grande valeur de Carpentier; quelque confiance qu'il ait dans son homme, elle n'est pourtant pas telle qu'il ne redoute une rapide et écrasante défaite. Lui et son homme vivent de la boxe. Durer devant Carpentier plus que tous les autres serait déjà un succès; il demande donc à Descamps d'obtenir que Carpentier ménage Siki. Descamps accède à cette proposition, car, lui, ●accorde à Siki aucune chance; il persuade Carpentier de se prêter à cette indulgente bataille; le combat a lieu, Siki profite de la générosité et de la confiance endormie de son adversaire, et, suivant une expression argotique « fait en double Georges Carpentier ».

Cette hypothèse n'a rien d'invraisemblable; mais en dehors même de toute supercherie sportive, elle serait certes la plus abominable dans la circonstance.

En effet, non seulement le sport aurait été frelaté, mais à la première faute l'un des complices ou les complices auraient, en abusant de celui dont ils auraient sollicité ou accepté la générosité, ajouté une félonie : celle qui n'est pas même tolérée, dans leur bizarre honneur professionnel, par ceux qui vivent en marge de la société.

Cette hypothèse, doublement vile, votre commission estime qu'elle doit être écartée, et pour l'écarter elle s'appuie sur les témoignages qu'elle a recueillis, et sur les faits qu'elle a pu noter et vérifier.

En effet des témoignages recueillis il résulte, chose curieuse, que Carpentier est, pour tous, tenu dans la circonstance, hors de la combinaison.

Certains acceptent l'entente à trois : Descamps. Hellers, Siki; mais la complicité de Carpentier, ils l'écartent.

Cela, d'ores et déjà, suffirait à détruire l'hypothèse d'une convention.

Il a été avancé qu'une entente, ou plutôt qu'une complaisance, et dans un but intéressé, avait été provoquée par la préoccupation du cinéma. M. Boyer, un des directeurs de « Phocéa-Location », qui a pris le film du combat, aurait eu à ce sujet accord avec Carpentier.

C'est inexact :

En effet, ce n'est ni avec Carpentier, ni avec Descamps que « Phocéa-Location » a contracté, mais avec M. Victor Breyer;

2° M. Boyer, la veille du match, n'avait pas vu Carpentier depuis près de quatre ans. Il l'a revu, pour la première fois, depuis quatre ans, la veille du match, lors de l'arrivée de Carpentier à Paris, à la gare, où les opérateurs de « Phocéa-Location » s'étaient rendus pour « filmer » ce moment.

Les seuls mots qui alors ont été échangés entre M. Boyer et Carpentier sont ceux-ci :

— Bonjour, Georges. Il y a longtemps qu'on ne s'est vu !

A quoi Carpentier répondit :

— Je suis très bien; je regrette de ne pas rencontrer Dempsey demain !...

Pas un instant il n'a été parlé du film entre M. Boyer et Georges Carpentier. Au surplus, M. Herring, du Sporting, qui avait fait allusion à un accord reposant sur le cinéma, a déclaré spontanément devant la commission qu'il avait acquis la preuve qu'on l'avait trompé.

Avant le combat

Il est certain que Carpentier n'a pas attaché à son combat avec Siki toute l'importance qui convenait. Il a mésestimé son adversaire, convaincu qu'il en disposerait quand bon lui semblerait; il l'avait vu à l'œuvre et ne doutait pas de trouver, quand il voudrait, l'occasion provoquée qui lui permettrait de placer le coup décisif.

Il a relativement peu travaillé à la Guerche : il s'est contenté de la marche à travers champs, de chasser, pour se vivifier et se donner du souffle, confiant dans la supériorité de son escrime et dans la précision catapulteuse de son droit.

Il avait bien quelques entraîneurs avec lesquels il a travaillé, mais n'a fait qu'un travail que les uns et les autres sont d'accord pour reconnaître léger. Descamps lui-même en convient et ajoute que Carpentier était d'ailleurs persuadé que Siki ne tiendrait pas une reprise devant lui.

L'aveugle confiance de Carpentier en lui-même et dans le résultat immédiat de son combat est indiquée par les propos qu'il a publiquement tenus alors qu'il venait de monter sur le ring. Ces propos prouvent — à moins de prêter une rare duplicité à un homme qui, jusqu'ici, s'est conduit de telle façon que sa droiture s'est imposée à tous — qu'il n'y avait pas de combinaison.

Ces propos ont été rapportés, et même ironiquement contre Georges Carpentier. Les voici :

« Dépêchons-nous, il va pleuvoir » et quelques secondes après en s'adressant du haut du ring à un groupe de ses amis qui lui criaient « bonne chance » : « Ça ira vite », répondit-il.

Et maintenant que s'est-il passé du côté de Siki ?

Ce pendant que, depuis la guerre, Carpentier soutenait en tout et pour tout une dizaine de combats, dont quelques-uns contre des adversaires indignes de lui, Battling Siki livrait un nombre considérable de batailles.

En juin, il s'est entraîné pour combattre Nilles; en juillet et août, il s'entraîne pour combattre Hary Reeves.

Lors de ce dernier match, sa rencontre avec Carpentier était décidée. L'homme a déjà subi une certaine préparation; il ne s'agit plus, pour son manager, que de la mettre au point.

Durant le mois d'août, Hellers habitue Siki au jeu de Carpentier, c'est-à-dire à adopter une tactique qui lui permette, par un déplacement en souplesse, d'éviter le droit de Carpentier.

Puis, dès le début de septembre, commence l'entraînement décisif.

Est-ce que Siki, que ses managers ont toujours eu grand'peine à tenir et à faire travailler, — se serait astreint, à l'effort qui lui a été demandé et imposé, s'il avait su que tout ce qu'il faisait était inutile et qu'il devait se coucher devant Georges Carpentier?

Or, voici le travail que cet homme a subi :

Six entraîneurs étaient attachés à la personne de Siki, ce sont : Lepesant, Lynel, Battling Nolam, Laffon, Richemond et Guisset, soit trois mi-lourds, un lourd, deux moyens, et un mi-moyen, sans compter Bob Scanlon, qui a été partenaire de Siki pendant quelques jours.

Battling Siki faisait du *shadow boxing*, du *punching ball*, du saut à la corde, du pousse-pousse et, à chaque séance, quatre ou cinq reprises avec ses entraîneurs qui, dans le ring, se relayaient de minute en minute.

Le travail qui lui était conseillé et enseigné consistait surtout — et ceci a son importance, — à frapper en se dégageant.

Ce programme a été confirmé par l'entraîneur-soigneur de Siki, M. Joseph Cartier; par Lepesant, un de ses partenaires d'entraînement; par M. Toison, par l'administrateur de Luna-Park, M. Cavaillon; par M. Toping, de l'*Associated Press*.

Certains ont estimé — mais là le manager en est seul juge, — que ce travail n'était pas suffisant.

Cependant tous ont reconnu qu'à la fin de son entraînement, Siki était dans une condition parfaite. Au début de sa préparation il soufflait, entrait en abondante transpiration. A la fin, il avait les poumons libres et aisés, la circulation excellente, d'après les constatations quotidiennes faites par le docteur Couton, qui a, de bout en bout, suivi la mise en forme de Siki. Le docteur Couton a, sur son honneur professionnel, certifié que non seulement Siki était bien préparé et en parfait état, mais qu'il est monté sur le ring sans la moindre trace de fatigue ou de surmenage. Il a aussi déposé qu'ami intime d'Hellers, dont il est le médecin, — et on sait quel rôle joue le médecin dans la vie d'une famille! — il n'avait jamais pu noter, — quelle que soit la confiance qu'Hellers ait eue en lui, — rien qui ait pu laisser supposer à l'esprit le plus mal intentionné, qu'une combinaison quelconque entachait la sincérité du combat du 24 septembre.

Le docteur Couton a certifié aussi, qu'à l'inverse de toutes les accusations qui ont été portées, Hellers avait une foi absolue en la victoire de son homme.

Ici pourtant une parenthèse :

Dans ses allégations, Siki a dit que *quinze jours* avant le match, Hellers l'aurait pris à part à Luna-Park et lui aurait, ce jour-là, dévoilé la combinaison que vous savez. Ceci devait donc se passer le 9 septembre.

Notons que c'est 48 heures après qu'Hellers vient, au nom de Siki, de lancer officiellement un nouveau défi à Carpentier pour le titre de champion d'Europe des poids lourds! Que c'est au début de son entraînement intense, et que jamais Siki n'a prétendu qu'entre ce moment et le jour du match les termes de la convention lui aient été renouvelés!

Seule la lettre par laquelle il s'excusait auprès de la commission de ne pas se rendre à sa troisième convocation peu, par son ambiguïté, laisser place à l'équivoque.

Le fait est à retenir: car d'une seconde déclaration de M. Joseph Cartier, il résulte qu'à la même date Siki, alors qu'il était dans le local où il recevait les soins de son masseur et tandis qu'Hellers se retirait, a fait un geste menaçant s'adressant à ce dernier.

Comme son masseur s'étonnait de ce geste inattendu, Siki lui a répondu :

— Il paraît qu'Hellers m'a vendu à Descamps!

Et comme Cartier lui demandait des explications, il ajouta :

— Ah! si j'en étais sûr!..

La coïncidence des dates est frappante; l'incertitude de Siki ne l'est pas moins.

Comment expliquer ce geste menaçant, cette colère, cette exclamation: « Ah! si j'en étais sûr! » si, la veille ou le jour même Hellers l'avait entretenu d'une combinaison quelconque?

Et comment les expliquer encore si, le lendemain de ce jour, la proposition de complaisance ayant été faite, Siki n'a pas bronché?

Il est bien permis de penser qu'après la manifestation d'indignation devant son entraîneur-masseur Cartier, il aurait, à ce dernier, le jour même ou le surlendemain, tout conté : il ne faut pas oublier que Cartier est pour Siki plus qu'un entraîneur, mais un compagnon de guerre, qui est convaincu que Siki ne lui aurait rien caché ni rien dissimulé.

A vrai dire, les attitudes et les propos de Siki sont peu homogènes. On pourrait dire que c'est lui-même qui se charge de démentir le principal de ses accusations.

Dans l'interview qu'il donne à l'*Eclair*, le 5 décembre, il déclare qu'il ne s'est pas entraîné.

Dans sa lettre à la commission d'enquête, du 28 décembre, il déclare qu'il s'est entraîné tout seul à l'insu de son manager.

Il déclare, dans une interview, qu'il avait accepté de souscrire à la prétendue convention.

Dans sa même lettre du 28 décembre à la commission, il déclare qu'il a fait semblant d'accéder à la proposition.

A M. Diagne, qui l'a répété, il a déclaré que c'est en se voyant à genoux devant 50,000 personnes, que tout son sang n'a fait qu'un tour, et qu'alors seulement il a songé à défendre loyalement sa chance.

Mais dans sa lettre à la commission, il déclare qu'il avait toujours été décidé à ne pas respecter l'accord auquel il avait fait semblant d'accéder.

Il dit, en effet :

« *Vous comprendrez la défaillance que j'eus (dont je m'excuse) en accédant, du moins en apparence, d'entrer dans les vues d'Hellers; mais au fond de moi, ma décision était prise, tant mon orgueil me portait au désir de la victoire, et c'est pourquoi je m'assujettis à m'entraîner, tout seul, à l'insu de mon manager.* »

Dans son interview do l'*Eclair* il précise « qu'il était arrivé sur le ring avec l'intention de tomber comme on le lui avait commandé... au 1ᵉʳ, au 2ᵉ, au 3ᵉ round, pour tomber définitivement les bras en croix au 4ᵉ ».

Dans sa lettre il n'y a plus aucune espèce de précision sur le scénario que lui aurait dicté Hellers; il a simplement indiqué que Hellers lui avait donné l'ordre de se coucher avant la 6ᵉ reprise.

C'est à la 4ᵉ reprise que Siki a été indigné de se voir, lui Siki, à genoux devant Carpentier.

Or, c'est à la 3ᵉ reprise que d'un droit et à proximité du coin de Carpentier, Siki est allé à terre non volontairement, mais par un coup parfaitement net et efficace.

A la 4ᵉ reprise il n'a pas été descendu. Que de contradictions !

Au demeurant, Siki qui prétend avoir accédé à une entente s'est cependant fait à lui (et c'est sa déposition officielle) une promesse solennelle d'être vainqueur de Carpentier, de combattre loyalement et sans merci.

Pourtant il aurait commencé par exécuter cette entente, et ce ne serait qu'à la 4ᵉ reprise que l'honneur sportif lui serait revenu, alors qu'il est établi qu'à la seconde reprise il avait touché dur Georges Carpentier; qu'à la 3ᵉ il l'avait mis à terre, et qu'à partir de la 4ᵉ il n'eut plus devant lui qu'un vaincu.

Mais contre l'entente il y a d'autres arguments; il y a la déposition du docteur Couton qui, chaque fois qu'il a été témoin avant la rencontre, et après l'entraînement, d'une conversation entre Hellers et Siki sur les résultats du match, a trouvé Hellers cherchant à convaincre Siki de la confiance que lui, Hellers, avait dans la victoire de Siki sur Carpentier.

Nous avons aussi la déposition de M. T. T. Topping, correspondant à Paris de l'*Associated Press*. M. T. T. Topping savait que Carpentier n'était pas bien; il croyait absolument à la victoire de Siki sur laquelle il voulait pour lui et des amis américains faire d'importants paris; qu'avant de les faire il tenait à savoir de la bouche d'Hellers si le match était sincère et s'il pouvait y aller de son argent.

Voici d'ailleurs le passage de cette déposition :

« *Tu peux marcher* », lui dit Hellers.

Et comme M. T. T. Topping lui demandait *si on ne lui avait pas proposé une combinaison :*

« *Je te jure sur la tête de mon fils*, répondit Hellers, *qu'on ne m'a fait aucune proposition; si on m'en fait, je les double ! Tu peux marcher, nous allons pour gagner.* »

Quand Hellers tenait-il ces propos à M. Topping ?

Le 21 septembre, c'est-a-dire trois jours avant le match.

Et Hellers avait d'autant plus d'intérêt à dire la vérité à son interlocuteur que déjà M. Topping était en pourparlers avec lui pour, en cas de victoire de Siki, intervenir en Amérique en vue de conclure un combat richement rétribué au profit de Siki.

Voici d'ailleurs ce que dit M. Topping :

« *Un million est assuré en Amérique, sans taxe ni impôt. Toutes les affaires sont arrangées si le nègre gagne le combat, mais il me faut une option pour signer avec Tom O'Rourke.* »

Or, Hellers qui avait la perspective, en cas de victoire de trouver un million pour son homme, ce qui représente pour lui en raison de sa commission de manager une assez jolie aventure, aurait renoncé à tous les énormes avantages à venir qui pouvaient découler de la victoire pour une somme, au dire de Siki, de 100,000 francs, a-t-il dit une fois, de 200,000 francs, a-t-il dit une autre !

La déposition de M. Topping est d'autant plus éloquente que quelques jours après le match et avant qu'éclatassent les incidents que vous savez il s'était fâché avec M. Hellers, ainsi qu'en fait foi d'ailleurs un échange de correspondance dont notre commission a eu connaissance.

Voici, d'autre part, la déposition de M. Toison,

haut fonctionnaire au ministère du commerce et de l'industrie, qui est lié avec Hellers et qui a suivi l'entraînement de Siki.

Pendant l'entraînement, il a retenu des propos de Siki qui manifestait *un profond dédain pour Carpentier. Siki trouvait que ce dernier n'était pas fort, qu'il le balancerait en trois reprises, qu'il n'existait pas*, tant et si bien que M. Toison crut devoir attirer l'attention d'Hellers sur la confiance exagérée de Siki.

« — *Ton poulain*, lui dit-il, *s'avance beaucoup,* » *il est bien téméraire.* »

» — *Pas du tout*, répondit Hellers, *j'ai la con-* »*viction que s'il tient les trois premières repri-* » *ses, c'est fini de Carpentier. J'ai la conviction* » *qu'il le battra.* »

Dans la même note, détachons de la déposition de M. Gris, chez qui Siki passa les trois jours précédant le combat, le passage suivant. Hellers cause avec M. Gris; il lui confie qu'il a confiance dans l'issue de la bataille. Mais la confiance d'Hellers n'est pas aveugle. A l'approche du combat, il redoutait pour Siki le droit de Carpentier :

— *Qu'il aille*, ajoutait-il, *jusqu'au 7° ou au 8° round, et ce sera beau.*

Mais Siki ajoutait :

— *'Je gagnerai. Laisse-moi donc tranquille : il m'en faudrait deux Carpentier!*

Et puis encore ce détail :

C'est à la veille du match, trois jours avant :

Hellers veut emmener Siki à la campagne. Siki s'y refuse; Hellers en est désolé, et voici ce que dépose à ce sujet le docteur Couton :

— *Siki*, dit Hellers, *va nous faire perdre. Quel malheur d'avoir un individu avec une mentalité pareille!*

Cependant Siki finit par se laisser convaincre et accepte l'hospitalité qu'à Saint-Maur lui offre M. Gris.

Et enfin, notons que M. Cavaillon, administrateur de Luna Parka, sur les conseils de Hellers, a parié sur la chance de Siki.

A Buffalo

Et nous arrivons au jour du combat.

Siki tient à faire le poids. Pour cela, il a été soumis à un régime spécial : il a pris des bains de vapeur et des bains électriques. Il est, dans ses préparatifs, assisté de M. Gris, qui en a témoigné, et chez lequel il a passé fort sagement les trois nuits qui ont précédé la rencontre.

Le matin du 24 septembre, à la bascule, Siki accuse le poids tant et si bien qu'il n'a nullement besoin, pour se présenter au pesage, de se soumettre à une sudation *in extremis*.

Après la formalité du pesage, Siki reste avec son manager et déjeune avec lui en compagnie de quelques amis : M. et Mme Gris et des Hollandais.

Siki est de bonne humeur; toutefois, il n'est pas aussi expansif que d'habitude; il ne fait pas montre d'un appétit aussi grand que de coutume, mais c'est qu'il ne veut pas avoir l'estomac chargé pour le combat et si on lui trouve une humeur un peu différente des jours précédents, elle n'a rien que de très normal pour qui sait les préoccupations qu'éprouvent, au moment d'une grande épreuve, tous les athlètes. Ce n'est pas la peur, c'est une angoisse spéciale, celle que connaissent d'ailleurs, et par exemple dans certains sports bien inoffen-

sifs, telle la course à pied, les concurrents avant le départ.

Revenons à Buffalo.

Siki arrive au stade avec Hellers aux environs de 15 h. 30.

Ici, il est important de retracer ce qui s'est passé dans la loge de chacun des adversaires.

Au fur et à mesure que l'heure du combat approche, Siki donne à ceux qui ont l'habitude de le voir avant la bataille le sentiment d'être impressionné.

M. Cartier, son entraîneur-soigneur, qui le connaît tout particulièrement, le constate et signale — ce détail a sa valeur — que Siki avait la peau grisâtre : ceci est la preuve connue de l'émotion chez les noirs.

Le docteur Couton a fait la même constatation et a eu la même opinion. Il a examiné Siki; il l'a trouvé très nerveux, inquiet, et « pâle », si on peut dire, cependant que Hellers cherchait à le distraire et à le maintenir en pleine confiance. Hellers disait à Siki :

« *Méfie-toi, couvre-toi ; méfie-toi au début ; méfie-toi de sa droite ; couche-toi si tu peux, mais ne la prends pas. Après tu gagneras...* »

Et Hellers ajoutait « qu'après le deuxième ou le troisième round Siki pourrait y aller à fond, car Carpentier n'avait pas les moyens de résistance suffisants ».

Du côté de Carpentier, que se passait-il?

Carpentier est arrivé joyeux et alerte. Il est entouré de ses soigneurs; il a été massé; il est prêt et assis sur la table de massage, les jambes pendantes; il attend qu'on l'appelle. Il donne à tous l'impression d'une confiance absolue. Sur ces entrefaites arrive Descamps, car le moment approche, et voici ce que dit Descamps :

«...*Je vois encore Carpentier : il était assis sur* » *la table en peignoir, prêt à combattre, balan-* » *çant ses jambes. Cinq ou dix minutes avant le* » *match je lui ai dit : « Mon petit, le plus rapi-* » *dement possible. On a voulu que tu boxes à* » *Paris, sacques-moi ça tout de suite, ça n'existe* » *pas. Méfie-toi, quand même de ses grands* » *coups à la godille et ne t'abîmes pas les mains* » *sur ses coudes.* »

» *Eh bien, Carpentier s'est fichu de moi; il* » *s'est payé ma tête; il a dit : « Le père Descamps* » *qui me dit à moi de faire attention et d'être* » *prudent !...* »

Ces propos nous ont été confirmés par différents témoins qui les ont entendus et rapportés.

Les deux hommes sont maintenant sur le ring. A tous Siki donne l'impression d'être ému.

Carpentier, au contraire, d'être plein d'assurance.

Nous avons déjà relaté ce qu'il a dit. Rappelons-le : « *Dépêchons-nous. Il va pleuvoir* » et « *Ça ira vite* ».

Nous n'entendons pas ici retracer la physionomie du combat. Cependant il est nécessaire que la commission explique différents incidents qui se sont produits sur le ring ou autour du ring. Elle a tenu à les tirer au clair tant par l'interrogatoire des intéressés ou des témoins, que par l'étude du film du match du 24 septembre, afin de mettre fin aux équivoques par leur naturel rapprochement avec l'interprétation que Siki a donnée à ces incidents pour construire ses accusations.

Après la poignée de main, il avait été signalé que Carpentier avait adressé la parole à Siki. Ce

qu'il a dit avec un ton légèrement dédaigneux,
c'est ceci :

« Tu en as de la chance de trouver Carpen-
» tier en face de toi. Tu vas en gagner de l'ar-
» gent cette fois... »

Ce propos certes, n'aurait pu être tenu au milieu
du groupe des soigneurs mélangés, et devant le
directeur du combat s'il avait fait allusion à une
somme quelconque qui aurait été promise pour
une fraude dans le ring!

Le combat commence : tout le monde l'a pré-
sent à la mémoire. Un homme sûr de lui joue
avec un adversaire qui, fidèle aux conseils de
son manager, ne cherche qu'une chose : « durer »,
c'est-à-dire à s'exercer, contre un grand champion,
dans l'art des feintes, des esquives, des dérobe-
ments, ce qui n'est pas précisément la marque
de sa boxe habituelle.

La première reprise semble ridicule au détri-
ment de Siki, qui, conformément aux conseils
d'Hellers *« couche-toi si tu peux, mais ne prends*
pas sa droite » met un genou en terre à la première reprise alors qu'il n'est pas touché, mais, au
moment où part un droit qui passe d'ailleurs der-
rière la tête. Et nous ajoutons : grâce à cette
mise à terre volontaire! La preuve en est donnée par le film.

Vient la seconde reprise; elle est un des mo-
ments décisifs du match; elle débute d'une façon
extrêmement désobligeante sportivement ; le
match semble une dérision : c'est alors que se
produit un incident. Une minute environ après
le commencement de cette reprise, un soigneur du
coin de Carpentier va dans le coin de Siki, exé-
cute une commission et revient aussitôt dans le
coin qu'il a quitté.

Ce soigneur est M. Richer, soigneur du ring et
soigneur bénévole; il n'appartient pas à l'équipe
de Descamps. Ce dernier lui dit : *« Va dire à*
Hellers d'essuyer son homme qui paraît avoir du
talc dans le dos et qu'il se tienne. »

Comme Richer n'avait pas l'air de comprendre
la mission dont il était chargé, Descamps ajouta :
« Va marche, il saura ce que cela veut dire. »

Cette démarche a vivement inquiété l'opinion
publique; la commission aussi et les propos avaient
besoin d'être précisés et expliqués.

Ici il est nécessaire de commenter : M. Descamps
cumule ce jour-là des fonctions : il est manager
de Carpentier, mais il est aussi un des organisa-
teurs, membre du conseil d'administration du
stade vélodrome Buffalo dans lequel il a des inté-
rêts financiers importants.

Ses préoccupations à ce moment-là, peu lourdes
en ce qui concerne le sort de Carpentier, sont pri-
mées par celles de l'impresario. Il veut un match
qui menace de tourner au ridicule; d'autre part, il
constate que la peau du nègre est irisée de blanc;
il pense que c'est du talc, lequel talc peut rendre
inefficaces les attaques de Carpentier et retarder
sa victoire; d'où son ordre à ce soigneur de dire à
Hellers d'essuyer son homme et d'inviter ce dernier à faire meilleure figure au cours des reprises
qui suivront!

La démarche est irrégulière; suffit-elle cependant à donner corps à une entente préalable?

Non! En effet, il serait absurde que Descamps,
qui dispose d'un personnel qui lui est complètement dévoué et sur la discrétion duquel il peut
compter, charge un inconnu — et nous avons eu la
preuve qu'il ne le connaissait nullement, ni de vue,
ni de nom — d'une mission qui relèverait d'un accord malhonnête.

Y a-t-il du mystère dans « qu'il se tienne » ?
Il n'y en a pas. A ce moment-là, effectivement, l'attitude de Siki était extrêmement désobligeante
pour le sport de la boxe, et Hellers devait s'em-
ployer à obtenir de son homme une façon plus di-
gne de combattre.

D'ailleurs, en dehors de toute intervention
d'Hellers, la minute suivante devait apporter dans
la reprise une importante modification : c'est en
effet à la deuxième minute de la deuxième reprise
que Siki, attaquant sur son propre dégagement,
cueillait Carpentier d'un gauche qui, immédiatement, modifiait la physionomie du combat.

Et nous voici à la troisième reprise, dont nous
ne relevons que ceci : conséquence de la précédente, cette reprise est tout de suite extrêmement
agressive des deux côtés. Siki, poursuivi par Carpentier, est mis près du coin de ce dernier, dans
les cordes. Carpentier lance son droit, touche à
la tête : Siki s'écroule, tombe à genoux, prend le
compte de 7, se relève et se rue à la bataille.

Il a pris la mesure des coups de Carpentier, se
bat résolument, touche une première fois du droit,
au milieu du ring, redouble cette attaque, touche;
Carpentier va au plancher, se relève aussitôt et
le combat est acharné.

Ce pendant que l'inquiétude s'installe dans le
coin de Carpentier, le grand espoir naît dans l'autre coin, d'où constamment sont partis pour Siki
des encouragements.

C'est au cours de la quatrième reprise que la
victoire passe définitivement dans le camp de
Siki. Carpentier a perdu son contrôle et reçoit
la plus sévère des punitions au milieu de manifes-
tations bruyantes, d'une excitation générale et de
l'affolement des soigneurs de Carpentier.

C'est alors que survient, hors du ring, un nouvel
incident que le film, d'ailleurs, détaille nettement :

Descamps, qui voit la situation de détresse dans
laquelle se trouve son homme, quitte une première fois son coin pour lui crier de près des conseils et des encouragements, le quitte une seconde,
alors que la bataille est dans le coin de Siki.

Descamps double le coin neutre, passe devant les
juges, va vers le coin Hellers et là, agrippé au ring,
jette à Carpentier des conseils. Soudain il se tourne
à gauche et donne l'impression d'interpeller quel-
qu'un; il se redresse et rejoint son poste.

L'intervention de Descamps, à un endroit in-
terdit, a été remarquée par le directeur du combat, M. Bernstein, qui, surpris d'entendre des encouragements partir du coin d'Hellers pour Carpentier, se retourne et constate que c'est Descamps
qui les donne et qui crie : *« Georges couvre-toi. »*

Pour liquider cet incident qui semblait la
preuve décisive d'un arrangement, il faut recons-
tituer la scène

Carpentier est groggy, sa tête scande les up-
percuts que lui décoche inlassablement Siki; le
champion du monde est battu. Descamps voit
l'ami de son enfance, l'homme dont il a aidé toute
la carrière, battu, écrasé par un adversaire que,
tout à l'heure, il jugeait indigne de Carpentier.

Dans le coin d'Hellers c'est de la frénésie : on
jette à Siki les exhortations les plus violentes :
« Finis-le », *« Tu l'as »*, *« Achève-le »*... Tant et si
bien que Descamps qui est à côté de ceux qui
hurlent ces violences, crie, exaspéré, et s'adressant à Hellers : *« Ta bouche, Hellers! »*

Nous avons confronté Descamps et Gaillard qui
avait entendu et rapporté le propos final de Descamps, mais de la façon suivante :

« Tu es fou Hellers! » comme si Descamps lui

reprochait de ne pas respecter une convention frauduleuse.

Or, Hellers, tout au drame qui se jouait sur le ring, a totalement ignoré la venue de Descamps dans son coin; ceci est pour nous un fait établi. Descamps n'a jamais nié être venu dans le coin d'Hellers mais il s'est élevé contre les termes qui lui ont été prêtés et contre le sens qui leur a été attribué. Nous sommes obligés de convenir que le jour de la confrontation, nous avons été à même de constater chez M. Gaillard beaucoup moins de précision sur ces insinuations, et des hésitations qui nous ont convaincus.

Il y a d'ailleurs un fait en faveur de l'interpellateur de Descamps. Descamps, qui savait que le film existait et que, par conséquent, son déplacement ne pouvait être ignoré, ne l'a jamais contesté; mais — et ceci indique dans quel trouble il se trouvait, — pensait avoir à peine dépassé le coin neutre.

Votre commission a d'ailleurs tenu à ne pas s'arrêter aux déclarations qui lui étaient faites, et elle s'est livrée, vous le savez, à deux expériences qui, pour une bonne partie de ce qui avait été déposé, ont été une utile vérification.

Par deux fois, elle s'est fait assister de sourds-muets, particulièrement entraînés à lire la parole sur le mouvement des lèvres. Du peu de mots qui ont pu être déchiffrés, après de multiples projections du film à des vitesses satisfaisantes, il résulte qu'effectivement Descamps, au bord du ring, criait à Carpentier les encouragements et les conseils qui nous avaient été rapportés. Un des expérimentateurs nous a, au surplus, dans un rapport annexé aux dépositions, relaté ce que, lui, sourd-muet, avait lu sur les lèvres de Descamps.

Passons à la cinquième reprise : l'écrasement de Carpentier continue, Siki fait de son adversaire ce qu'il veut.

Carpentier boxe hors de toute règle, recourt aux coups de tête. Siki — on doit lui rendre cet hommage — boxe avec une parfaite correction.

La reprise se termine dans le coin de Siki par un incident tout à fait déplorable : Carpentier, qui vient de renouveler son coup de tête, se rue à nouveau sur Siki, le manque, et, déséquilibré, tombe à genoux et dans les cordes. Siki le relève, et, avant même que ce dernier — qui vient d'avoir un geste généreux — ait repris la garde, Carpentier lui décoche un gauche. Le gong résonne : Siki est hors de lui; il marche sur Carpentier et, par gestes, le menace ou l'insulte. Siki regagne son coin et s'assied en portant son gant droit à son oreille droite, dont il paraît souffrir et se plaindre.

A ce moment, complètement écœuré, Siki veut abandonner; Hellers craint l'abandon injustifié et la disqualification; il appelle un docteur pour se mettre à couvert, mais s'insurgeant contre l'intention de Siki qui a la victoire dans ses poings, il l'incite à reprendre le combat.

Ces faits sont, pour votre commission, patents. Nous avons, en effet, la déclaration d'Hellers dont on peut ne pas tenir compte, mais le témoignage de Cartier, celui du docteur Couton, celui enfin de M. Coste particulièrement intéressant. Insistons sur ce témoignage.

Le soir du match Siki a dîné avec Hellers et des amis à Trianon. M. Coste, qui passait, les aperçut et s'approchant de la table serra la main à Hellers et à Siki, pour les féliciter l'un et l'autre de leur victoire.

Alors Hellers dit :

« Dire que cet imbécile a failli abandonner au » sixième round ! Et qu'il a fallu que ce soit » moi-même qui le pousse à continuer le com- » bat... »

Siki se trouvait à côté d'Hellers; M. Coste lui posa alors la question suivante :

« Est-ce vrai, Siki ? »

« Oui, répondit Siki : *Carpentier me collait » des coups de tête, des coups de genou. Alors » Hellers m'a dit : « Siki tu fais une blague... »*

Ces propos de Siki tenus spontanément, sans aucune gêne et sans aucune réserve quelques heures après le match ne montrent-ils pas que l'entente annoncée n'existait pas ?

On sait comment reprit la bataille à la 6e reprise. Dans le tumulte général, le gong résonne; il ne semble pas avoir été perçu dans le coin de Siki; Carpentier traverse le ring tout entier et alors que Siki n'a pas encore quitté son siège — ou commence à le quitter poussé par ses seconds — Carpentier le frappe. La fureur de Siki se déchaîne et vous savez le reste...

Carpentier, ébranlé depuis la deuxième reprise, est irrémédiablement battu à la troisième. Il ne combat plus qu'inconsciemment à la quatrième et à la cinquième reprise. A la sixième, il est mis hors de combat. Siki a triomphé nettement d'un des meilleurs athlètes et du plus extraordinaire virtuose du poing qu'on ait vu sur les rings.

Pour votre commission, la sincérité du match avant, et sa régularité pendant résultent de tout ce qui a été exposé ci-dessus.

Toutefois, d'autres arguments viennent à l'appui de notre conclusion; nous les devons à deux témoins : M. Rodolphe Darzens, du *Journal*, et directeur du théâtre des Arts, et M. Claude Anet, l'écrivain bien connu.

Au lendemain du match, le soir, Siki s'est rendu au théâtre des Arts, accompagné de deux amis. Il venait se lamenter auprès de Rodolphe Darzens, à qui il affirmait que dans le règlement des comptes, son manager Hellers ne lui aurait pas donné ce à quoi il avait droit.

M. Darzens qui trouvait l'endroit mal choisi pour une telle discussion, invita Siki à venir le voir au *Journal*. Il s'y rendit, en effet, le 27 ou le 28 septembre.

Ce jour-là, M. Darzens déjeunait avec Claude Anet. Siki, au moment du café, se mit à leur table et, sur la demande de Claude Anet, Siki questionné par M. Rodolphe Darzens fit le récit de son combat. Nous le reproduisons d'après la déposition textuelle de M. Darzens.

« Est-ce que Carpentier pouvait te battre ?

— » A un instant du match, répondit Siki, *j'ai » cru que je pourrai plus continuer, car Carpen- » tier avec son droit m'a donné un formidable » coup au-dessous de la mâchoire qui m'a fait » « boum! » dans la tête et je suis tombé sur les » genoux. Je me suis relevé en entendant comp- » ter 7 et puis je me suis dit : ça ne fait plus » mal à Siki, tu peux continuer. C'est à ce mo- » ment-là que Carpentier a dû se faire mal aux » mains parce que ses coups ne faisaient plus » « boum » dans ma tête.*

— » Tu as fait tout ton possible pour le battre ? » interrompit Rodolphe Darzens.

— » Oui, j'étais sûr de gagner, continua Siki, *à » partir du moment où je dis, même aux points » comme pour Nilles, parce que Carpentier ne » pouvait plus me faire mal. »...*

De son côté, M. Claude Anet a déposé que, lui ayant demandé comment le match s'était passé, Siki lui avait dit :

« *J'avais très peur en montant sur le ring, et* » *puis je ne m'attendais pas à une assemblée aussi* » *énorme. J'ai été très troublé pendant les deux* » *premiers rounds.* »

— « *Et,* questionne Claude Anet, *à quel moment* » *avez-vous pensé que vous pourriez peut-être* » *avoir Carpentier?*

— » *Au troisième round,* répondit Siki, *j'ai* » *compris que je pourrais probablement l'avoir.* »

A aucun moment, Siki n'a parlé d'une combinaison quelconque, ni par une réticence quelconque, donné droit à un soupçon d'entente. Mieux, il a, par un geste, confirmé la sincérité de la rencontre. Sa victoire, pour lui, il ne la doit pas qu'à la seule puissance de ses coups, mais aussi à un talisman. Ayant narré la bataille, il remit, en effet, à Claude Anet un papier sur lequel il venait de tracer des mots, et dit :

— *Je vous donne ceci, qui m'a fait battre Carpentier. C'est une formule; celui qui la porte est toujours vainqueur de son ennemi.*

Alors, et comment concilier ses récits aux lendemains du match avec ses tardives accusations?

Et si les premières sont inconciliables avec les secondes, comment expliquer celles-ci? Et qui les a motivées

L'intention, la volonté malicieuse de Siki de se venger tout simplement au lendemain de la pénalité qui a été prise contre lui!

C'est lui-même qui le dit d'ailleurs et à diverses reprises. Il l'a déclaré une première fois dans le bureau de M. Henri Desgrange à l'*Auto,* quand il disait à Hellers :

— *Je veux me venger de la fédération.*

Il l'a déclaré une autre fois à M. Rodolphe Darzens, qui, surpris des accusations qu'il lançait et qui étaient exactement le contraire de ce que Siki lui avait raconté au *Journal* au lendemain du match, lui manifestait son étonnement en ces termes :

— *Comment peux-tu,* lui disait Rodolphe Darzens, *dire pareille chose aujourd'hui, alors que le lendemain du match, tu m'as dit le contraire?*

— *Je dis cela pour embêter Hellers et la fédération, qui m'a disqualifié,* répondit Siki. *Maintenant que je ne suis plus boxeur, je peux les embêter!*

De la fédération, il veut se venger de la pénalité qu'elle a prononcée contre lui.

D'Hellers, parce qu'il est convaincu — à tort — ou qu'il a été convaincu par certains — qui avaient construit sur le coup de fortune de Siki des espérances personnelles que les conditions du contrat avaient anéanties, — que son manager ne lui avait pas donné toutes les sommes auxquelles il avait droit. Et s'appuyant sur les propos transformés et grossis de Gaillard, il lance son accusation.

En résumé, votre commission ne peut que répéter, en terminant, ce qu'elle a déclaré au début de son rapport : qu'en son âme et conscience, il résulte pour elle la conviction absolue que le match du 24 septembre n'a été précédé d'aucune entente qui aurait eu pour objet d'en régler les péripéties et d'en fixer le résultat.

Telle est la conclusion de votre commission. Elle doit cependant regretter que certaines circonstances aient, pour beaucoup, donné crédit aux accusations dont nous avons fait justice.

Il appartiendra à la Fédération de prendre, pour l'avenir, certaines mesures pour que ses règlements soient rigoureusement appliqués, afin qu'on ne puisse trouver, soit dans des annonces de bourse ne correspondant pas aux conditions des contrats liant les intéressés, soit dans des négligences de détails dans l'organisation sportive, soit dans un manque d'ordre autour des rings, des prétextes à suspicion et à doute sur la régularité du sport professionnel; pour éviter aussi, en s'inspirant des sévérités de la commission de boxe de l'État de New-York, que le sport professionnel ne devienne plus, pour les uns qu'un spectacle, pour les autres que du « travail ».

Le 10 janvier 1923.

Le rapporteur :

FRANTZ-REICHEL.

Les membres de la commission :

MM. VAN ROOSE, président; M. BOURDARIAT, BACH, CAPDEVIELLE, LEGENDRE, MORARD.

ANNEXES

1°. — Liste des témoins entendus par la commission.

Séance du 9 décembre. — MM. Vylé, Auger.

Séance du 12 décembre. — MM. Hellers, Carpentier, Descamps, Topping.

Séance du 13 décembre. — MM. Eudeline, Hellers, Bernstein, Gaillard.

Séance du 14 décembre. — MM. Decoin, Gaillard et Descamps, Hellers, Victor Breyer.

Séance du 15 décembre. — MM. Gus Wilson, Orlandini, Desroziers.

Séance du 16 décembre. — MM. Beretrot, Cartier, Hellers fils, Paul Rousseau.

Séance du 18 décembre. — MM. Robert Coquelle, Balanger, Descamps, Rodolphe Darzens.

Séance du 19 décembre. — MM. Henri Desgrange, docteur Thomas, Boyer et Jean Antoine.

Séance du 20 décembre.— MM. Louis Tisserand, Crédeville, Marcot, Gasquet, Boos, René Herbert, docteur Sauphar.

Séance du 21 décembre. — MM. Henri Decoin, Pujol.

Séance du 22 décembre. — MM. Laramy, Dernat, Hellers, docteur Couton, Toison, Herring.

Séance du 23 décembre. — MM. Francasiel, Claude Anet, Coste.

Séance du 26 décembre. — MM. Gaston Tisserand, Georges Tisserand.

Séance du 27 décembre. — M. Corneau.

Séance du 28 décembre. — MM. Eudeline, Gris, Casalonga, Richer.

Séance du 30 décembre. — MM. Gris, Cartier.

Séance du 2 janvier. — MM. Descamps, Richer, Hellers, Dupuis, Lerda.

Séance du 3 janvier. — MM. Juliard, Lerda.

2°. — *Lettres déposées par M. Hellers
à la suite de ses dépositions du 12 décembre.*

1) Une lettre de Descamps à Hellers du 12/9/22.
2) Une lettre de Hellers à Descamps 13/9/22.
3) Une lettre de Siki du 17/10/22.
4) Une lettre de Siki à Hellers du 22/11/22.
5) Le contrat Hellers avec M. R. Coquelle pour le combat Siki-Carpentier.
6) Une lettre de M. Diagne à Hellers du 9/11/22.
7) Une lettre du docteur Huchard, de Lille, à Hellers (sans date).

3°. — *Témoignages par lettres*

Lettre du 11 décembre de M. Jean Schmitt.
Lettre du 12 décembre de M. Desroziers.
Lettre du 20 décembre de M. Paul Rousseau avec extrait-lettre Perret.
Lettre du 21 décembre de M. Toison.
Lettre du 20 décembre de M. Legendre.
Lettre du 21 décembre de M. Balanger.
Lettre non datée de M. Buet.
Lettre collective.
Notes A. B. C. E. F. de M. Antoine.
Lettre du 10 janvier de M. Mayor (télégramme Balzac).

4°. — *Pièces officielles*

Copie d'une lettre par laquelle le secrétaire de la Fédération française de boxe a demandé la formation d'une commission d'enquête, du 6 décembre 1922.
— Copie d'une lettre de M. Cuny.
— Copie d'une lettre adressée par M. Legendre au président de la Fédération.
— Une lettre du secrétaire de la Fédération au président de la commission d'enquête.
— Une lettre de M. Schwartz en vue du match Carpentier-Siki.
— Lettre du rapporteur à M. Diagne, — réponse de M. Diagne à cette lettre.
— Deux expéditions du rapport de M. Bastide, expert-comptable — relevé des dépenses et recettes du match Carpentier-Siki.
— Un rapport de M. Rubens-Alcays.
— Clichés et épreuves du film.

5° *Divers.*

— Dossier comportant des lettres ou des extraits de lettres en communication.
3 lettres d'Hellers.
3 lettres de Descamps.
6 lettres de la commission à diverses personnes (Géo Gras, Hellers, Descamps, Rodolphe Darzens, Paul Rousseau).
5 lettres diverses.

———

D'autre part, M. Legendre a enquêté à Floreal-Hôtel et rapporté à ce sujet; MM. Bourdariat, Legendre et Bach ont enquêté à Luna-Park et rapporté sur les constatations faites et les déclarations recueillies.

———

La commission a assisté par cinq fois à la projection du film Carpentier-Siki, passé à maintes reprises à vitesse normale et au ralenti : quatre fois à Phocéa-Location; une fois au Coucou.
Les deux dernières fois, elle a reçu la collaboration de sourds-muets, trois une fois, deux dans la seconde, pour vérifier, dans la mesure où la chose était possible, certains propos.

7°. — *Lettres insérées dans les registres.
Registre n° 1*

Lettre Descamps du 7 novembre, page 5.
Lettre Siki du 9 décembre, page 7.
Lettre de la commission d'enquête à Siki, 12 décembre, page 33.
Lettre de Siki du 15 décembre, page 195.
Copie d'une lettre de Siki du 12 décembre, page 196.
Lettre de Géo Gras du 14 décembre, page 277.

Registre n° 2

Lettre de M. Desgrange du 27 décembre, page 178.
Lettre de Siki du 28 décembre, page 179.
Lettre Bennisson du 28 décembre, page 198.
Lettre Hellers du 30 décembre, page 199.